自分で仕事を始めるときの心得

好き
から始める
ひとり起業

三宅恵子

Prologue

仕事は ひとりでも できる

「自分は何をやるのが1番好きなんだろう？」

「何だったら、自分にできるんだろう？」


目を閉じて、自分の心に聞いてみてください。

人に対しての体裁や可能・不可能は何も考えず、思い浮かぶことだけを素直に感じてみてください。

「自分の力を何らかの形で発揮したい」

そう思いませんか。

会社に勤め、主婦業、子育て、そして親の介護まで、この4つを全部こなせる力が備っていると思い、女性は日々を頑張っています。

でも、それは絶対に無理をしてしまっているんです。

「しんどい」「疲れる」「つらい」……。

「世間の人も自分と同じように頑張っているのだから、私も頑張らなくては」と無理をしてしまう……。

けれども、それに見合うだけの自由な時間やお金、満足感や達成感はなかなか得られません。

会社のなかでは人に気ばかりを遣い、生活を維持するためだけに、そう好きでもない仕事に時間を費やしてしまう日々。

疲労こんぱいです。

これではストレスで病気にもなります。


これからはストレスをためて高給を取るよりも、自分らしく、ストレスをためない働き方でいい。

何よりも充実感、満足感、健康が一番です。

仕事はひとりでもできます。

最初は少額のお金しか得られないかもしれません。

でも、自分のやれること、好きなことだと、何時間やっても疲れを感じません。

充実感があり、少額のお金でも感謝を感じられる。

すると、うれしい、楽しいからまた頑張れる。

そうするうち、だんだん使える時間もお金も増えてくる。

どうか大切な大切な一生をストレスを抱えながら、「人と同じでないといけない」

などと思ったりしないでください。


冒頭の2つの質問。

「自分は何をやるのが一番好きなんだろう？」

「何だったら、自分にできるんだろう？」

少しでも思い浮かんだことがあれば、それは仕事にできることです。

それをあなたの仕事にしてください。

この本は、私のような組織で続かない1匹狼のような方、人生に悩んでいる方に届いてほしいと思って書きました。

経験やコネなどがないところから、どうやったら自分で仕事を始められるか、私の経験をもとに綴っています。

この本をきっかけに、ストレスは最小限に、充実感あふれる毎日を手にしていただければ幸いです。

著者

PART2

PART3 集客の心得

PART 4 お金の心得 ―――― 113

PART1
好きから始める心得

1

あなたは自分で仕事をしてみてください

「何かしたいこと、得意なことはありませんか？」

10年以上も前の話になりますが、そう聞かれたことがあります。

当時の私は、どんな仕事も長続きせずに悩んでいました。

テーマパークの店員、ウエディングの衣装係、デパートの店員や、病院の栄養士、老人施設の栄養士、学校の給食栄養士、国内旅行の添乗員、それにカフェ店員、弁当配達……。

ちょっと思い出すだけでもこれだけの仕事を転々としていたのです。

パート、アルバイト、派遣社員、正社員、どれも経験しましたが、3ケ月もすると辞めたくなってしまう……。

まわりのママ友は一度仕事に就くと、ほとんど仕事を変えることなく続けていました。

「仕事を続けられないのは私の辛抱が足りないから……」

「私はダメ人間かも……」

そんなふうに、いつも自分を責めていました。

それで、あるときにショッピングモールの一角で見つけた手相占いのブースに、藁をもつかむ気持ちで飛び込んだのです。

「私はどんな仕事をしても続きません」

手の平を見せて、悩みを打ち明けました。

そのときに占い師さんが言ってくれたのが「何かしたいこと、得意なことはありませんか？」ということでした。

さらに、占い師さんは「あなたは自分で仕事をしてみてください」とも言ってくれました。

でも、私は「何もできることはないですし、自分で仕事をする勇気もお金もありません」と答えていたのです。

自分で仕事をして、お金儲けなどできるはずがない……。

人からお金をもらえる得意なことなどない……。

自分の力で起業などできるわけがない……。


本気でそう思っていました。

だからもし、あなたがあの頃の私と同じように、「何もできることはない」「人からお金をもらえる得意なことなどない」などと悩んでいたとしても、大丈夫です。

必ず「ビビッ！」と来るときがやって来ます。

あのとき、占い師さんが私にくれた言葉を、今度は私が送りましょう。

あなたは自分で仕事をしてみてください。

何かしたいこと、得意なことはありませんか？

2

#「ビビッ！」と来るときは必ずある

今はまだ信じられないかもしれません。

それでも「ビビッ！」と来るときは必ずあります。

私はそれを経験しました。

47歳のとき、いわゆる遅咲きになります。

更年期ということもあり、常に肩こりと疲れがはげしい状態でした。

それでいろいろなマッサージに通っていたのですが、感動するほど身体が楽になったことはなく、がっかりすることのほうが多かったのです。

そのときも、いつもと同じように「次はどこのマッサージを受けに行こうか」と検索していました。

すると、とても気持ち良さそうで、効果のありそうな足で行うマッサージの動画が目に胸に飛び込んできたのです。

「うわっ！　これ受けてみたい。自分でもやってみたい！」

実際には、そのマッサージを受けるためには、大阪まで行かなければいけませんでしたし、自分でやるには資格を取得する必要もありました。

それでも、迷いはありませんでした。

1週間後には岡山から新幹線に乗って、大阪まで講座を受けに行ったのです。

講座を受講するために約3ヶ月間で、おそらく大阪まで12往復くらいしたと思います。

この話をすると、「すごい行動力ですね」などと言っていただけます。

でも、今思えば、ショッピングモールでの占い師さんのあの一言があったからこそです。

「あなたは自分で仕事をしてみてください」

正直、そう言われてもどこか人ごとで、あまりピンと来ていませんでした。

でも今は、その一言が背中を押してくれたのだと感じています。

どんな仕事をしても長続きしなかった私が、このマッサージで起業することになったのですから、まさに運命の出合いでした。

そうした出合いがあるまでは、誰だって迷ったり焦ったり、さまざまな感情が交差するものです。

家庭があって、とくに小さなお子様がいらっしゃったりすると簡単ではありませんし、経済的なこともあるでしょう。

だからこそ今の役目と向き合って、調和をさせながら思いを膨らませてみてください。

必ず時期はやってきますから。

3

自分の心の中にある声と対話をする

ＯＬや主婦の方から、心ワクワクと満たされる仕事を見つけたい、とよく相談を受けます。

そういう方にお会いするたび、「昔の私もそうだった」と、皆さんの気持ちがよくわかります。

基本的には「行動あるのみ！」だと思いますが、アドバイスできることがあるとするなら、

「直感を信じる」

「直感を信じて動く」

ということです。

これは仕事に限らず、さまざまな状況のなかでも大切だと思うのです。

そのためには、まず自分の心の中にある声と対話をすること。

もし直感があれば、大仰に構えず、それに関連する小さなことから、少しずつ

でも始めてみましょう。

たとえば、庭のお手入れが好きなら、草取りや庭掃除をお手伝いするのでもいいでしょう。

いろいろなものを安く買うことが得意なら、買い物のお手伝いをしてもいいでしょう。カーテンの洗濯でもいいでしょう。

その気になれば何でも仕事になるものです。

ですが、直感があっても何もしないままでいたら過ぎ去ってしまいます。

何よりタイミングを逃してしまうのはもったいないことです。

「思い立ったが吉日」

「小さな一歩」

「即実行」

「まずは行動」

これは、私のモットーです。

即行動で「あちゃ～、失敗だった」ということも多いのですが、失敗は成功のもと。

「行動しないことが一番の失敗！」とも言われますね。

何年も過ぎ去り、年齢も重ねて「あぁ、あのときにやっておけば良かった」では本当に残念です。

人生は一度きり。

自然な流れで、やれることがあれば、やってみるに限ります。

あらゆる角度から、行動・体験をしてみることです。

結果はどうであれ、やったことはすべてが自分自身の経験となり、財産となります。

大切なこと、それは自分だけにしかわからない心の中にある声と対話をすることです。

4

正解は、自分で決めればいい

「ビビッ！」と来たマッサージの資格を取得すると、ムクムクとこれからの人生の楽しみも湧き上がってきました。

最初にやったことは、お客様がうちに来てくれるイメージを膨らませて、6帖和室を仕事場に変身させること。

とくに参考にしたレイアウトはなく、誰かにアドバイスをもらうこともなく、「自分仕様」ができあがることに、ただただワクワクしていました。

なぜなら、それまで自分の好きにレイアウトできることなどなかったからです。

勤務年数が長ければ、自分の思いを主張することもできるのかもしれません。

ですが、どの仕事も長続きしなかった私の場合、主張できるはずなどありません。

それが自分の仕事となるとどうでしょう、すべてが自由です。

ワクワクしますよね。


6帖和室のレイアウトに取り掛かるとき、「さあ、何から始めよう」と最初に思い描いたのは、お客様をおもてなしするときのお茶でした。

たかが「お茶」ですが、私にとってはされど「お茶」。

「素敵なカップと素敵なお菓子が必要だわ！」

そう思うと「どんなカップにしよう、お菓子は何にしよう！」とウキウキして仕方ありませんでした。

すぐさま、カップとお菓子を買いに行きました。

「お菓子はこのあたりのスーパーで売っているものではダメ。デパートで売られているお菓子がいい！」

そのときに直感で選んだお菓子は、10年経った今でも大活躍しています。

お客様が飽きてはいけないと思い、何度か変えたこともあるのですが、すぐに元に戻ってしまうのです。

自分にとって最高なお菓子は、お客様にとっても最高なお菓子。

「これも楽しみのひとつなのよ」と言っていただけるお客様も多いのです。

10年間、毎月来てくださっているお客様は、このお菓子を120本食べてくださっていることになります。

私のひとり起業は、こうしておもてなしのお茶から始まりましたが、仕事の内容はカフェではなく、効果のあるマッサージです。

「一番に取り掛からなくてはいけないのは施術道具や敷物のほうでは?」という意見もあるかもしれません。

ですが、何から取り掛かるかも自分で決められます。

正解は、自分で決めればいいのです。

「好き」から始めるのですから、誰に遠慮することもありません。

5

ワクワクしながら種を撒く

自分で仕事を始めると、集客についても自分で考えることになります。

私の場合、最初は手作りでチラシを用意して、ポスティングから始めました。

と言っても、パソコンもできないアナログ世代。

施術の内容をイメージできる写真をハサミで切り貼りして、一番下の部分にはサロンの名前とご予約いただくための電話番号を載せました。

サロン名や電話番号は、息子がパソコンで作ってくれていました。

ネット予約など何のことやら……という状態なので「ご予約はお電話ください」と、電話番号だけは大きくしておきました。

そうしてできあがったチラシをコンビニで印刷。

まずは50枚。

枚数も少ないので、何となく直感で来てもらえそうなお家に、思いを込めてポスティングしていきました。

そして次の週には、また50枚。

ポスティングを終えて家に帰ってからは「おうちの方は、今頃ポストを開けて見てくれているかな」と想像するだけでワクワクしていました。

お客様に来てもらえない状況が続くと、ポスティングに限らず、どうすれば集客できるかを一生懸命に勉強するでしょう。

それはそれで大事なことかもしれません。

ですが、ポスティンやブログ、YouTube などはすべて自分のことを知ってもらうための手段です。

その手段をどれだけ勉強しても、「どうせ見てもらえないだろう」と不安に思っていては、全然楽しくありません。

気持ちが後ろを向いています。

同じように行動していたとしても、気持ち次第で、出てくる結果は変わってくると思うのです。

「行動している私ってすごい！」と、自分の前向きさに満足していることが大切に思います。

まずは、うまくいくかどうかは気にせず、楽しく行動に移してみてください。

さぁ！

これで、１００枚のチラシの種を撒きました。

6

満面の笑みで写っている写真がご縁をつなぐ

ポスティングの数日後、知らない番号から電話がありました。

ん？　ご予約の電話だといいな！

「ポストにチラシが入っていたので電話しました」

やった！　ご予約の電話でした。

本当に予約をいただけたのでした。

天にものぼる嬉しさは、今でも忘れることはできません。

結果的に、１００枚の切り貼り手作りチラシから、おふたりのお客様にお越しいただくことができたのです。

このおふたりのお客様は、10年経った今でもお越しくださっています。

私は、このおふたりのお客様にお越しいただけたのは、チラシが良かったからではなく、ワクワクして待っていたことだが良かったのだと思います。

そして、「この私がしています！」ということをわかってもらいたくて、満面の笑みで写した写真を貼りつけていたのも良かったと思っています。

お客様からすると「ああ、この人がしてくれるのね」という安心感につながります。

「顔写真を載せるのはちょっと……」という方もいますが、お客様の立場になると、どんな人が担当してくれるのかがわからないのはとても不安です。

満面の笑みで写っている写真には、大切な意味があるのです。

自分で仕事を始めるときには、必ず満面の笑みで写っている写真を掲載してください。

恥ずかしがっていては仕事にはなりません。

人が人を呼んで来てくれるのです。

写真を載せたことによって、うれしい再会もありました。

「ポストにチラシが入っていたので電話しました」とおっしゃったお客様は、娘の同級生のお母様でした。

そうとも知らずにお家にポスティングをしていたようです。

チラシに顔写真を載せていたので、すぐに私とわかってもらえました。

本当に、どこからご縁はやってくるのかわかりませんね。

私は、ご縁のあるお客様とは引き合わせのようなものが必ずあると思っています。

「楽しくないな」と思ってやっていると、引き合うことはないかもしれません。


もし、ブログなどに一生懸命取り組んでいるけれど、結果が出ないというのであれば、ワクワクやれているかどうか自問してみてください。

できていなければ、楽しめる方法を見つけてくださいね。

大切なことなのでもう一度お伝えします。

「この私がやっています」と満面の笑みの写真を掲載することは大切です。

ワクワクしていると、ワクワクすることが起こってきます。

7

得意なこと、好きなことだから続けられる

自分で仕事を始めるイメージは沸いてきましたでしょうか。

ひょっとすると、かつての私のように「自分には何もできることはない」などと、まだ思っていませんか。

また、「しっかり準備をしないといけないよね」「失敗したらどうしよう」などと思っているかもしれません。

でも、ここまでお読みいただければおわかりかもしれませんが、この本で私がお伝えしたいのは、そんなにおおげさな職種や起業法ではないのです。

たとえば、草とり、窓ふき、玄関掃除、靴箱の整理、買い物、お料理、犬の散歩やお世話などです。

「そんなことが仕事になるの?」と思うかもしれません。

私は以前、マックスという、私と誕生日の同じミックス犬を飼っていました。

マックスはご近所で生まれたのですが、私と同じ誕生日と聞き、ご縁を感じたので家族になりました。

19歳まで元気でいたのですが、亡くなる1年前から老衰で認知症になり、大変な時期がありました。

その頃の私は外でサロンを営むようになっており、帰りも遅く、老犬のマックスの世話もできず、途方にくれていたのです。

当時、「マックスを散歩に連れて行ってくれたり、遊んでくれたり、ご飯をあげてくれる人がいたらいいのに……」と、いつも思っていたのです。

もし「犬のお世話をします」と満面の笑みの、やさしそうな方のチラシがポスティングされていたら、きっと依頼していたことでしょう。

このように、大手の業者さんに頼むまでもないようなことはたくさんあります。

それぞれに困っていることがあり、私のように、それを必要としている方もいるのです。

そうしたことをお手伝いして、3時間で3000円をいただけたとします。2件あれば6000円です。

これはすでに立派な仕事です。

けっして大金ではないかもしれませんが、得意なことや好きなことで依頼をいただけるなら、こんなに素敵な仕事はありません。

大金を稼ごうとするよりも、できそうなことから一歩ずつやってみるのです。

ぜひ、自分のできることに挑戦してみましょう。

「こんなのがあったらいいな！」と思っていることがあるなら、それを自分の仕事にしてみましょう。

それを求めている方もきっといるはずです。

大切なのは、自分の得意なこと、できそうなこと、好きなことに取り組むこと。

そこから枝葉が伸びていきます。

応援してくれる協力者も出てくるでしょう。

そして万一、辞めたくなったらやめればいいのです。

これからは、なんでも自分で決められます。

お金や集客のことばかりにとらわれれば、ストレスがいっぱいです。

でも、得意なこと、好きなことに集中すれば、楽しいことがいっぱいになります。

今の仕事にストレスを感じていたり、お金のためだけに働いていたりするならば、続けることはできないでしょう。

たとえ一時的に収入は減ったとしても、自分で仕事を始めてみましょう。

好きから始めるひとり起業に興味をお持ちいただけましたら、次章以降もお読みください。

今は得意なことや好きなことがわからなくても大丈夫です。

これまでに培った経験は財産。誰もが持っているものです。

得意なことや好きなことでは本来、みんながプロフェッショナルです。

PART2
お客様への心得

1

一瞬たりとも
別の考えごとをしない

まだサロンを始めたばかりで、お客様に接することが少なかった頃から心に決めていることがあります。

それは、お客様と接している時間は、一瞬たりとも別の考えごとをしないこと。

たとえ足や手を動かしていても「夕飯は何にしようか」「疲れたなぁ」「次の予約はどなただったかな」など、他のことを考えないと決めています。

一瞬でもお客様に心が向いていなければ、それはすぐに伝わるからです。

そうすると、二度とお越しいただけなくなります。

たとえ何度も来ていただいていたとしても、そのときの、その1回が勝負です。

だから、気を抜くわけにはいきません。

気を抜けば、そこで印象は変わってしまいます。

仕事に慣れてくると「お客様がいて当たり前」と思ってしまうものですが、そうではありません。お客様にとって、とても大切なお金と時間。

それをいただくという感謝を心にとめて、疲れていようと何だろうと、目の前のお客様に精一杯に取り組む。

　こうしたスタンスは変えてはいけないのです。


　じつは私も一度だけ苦い経験があります。

　2年も通っていただいた常連様がおられました。

　その日はとても体調が悪く、私の調子が敏感に伝わってしまったようで、施術が終わって会計を済ませた後のこと。

「ちょっといいですか、今日は調子が悪いのですか?」と言われてしまいました。

　言葉に出して伝えてくださったのですが、申しわけなくて、申しわけなくて後悔しきりでした。

　そして、このお客様からの予約はその後ありませんでした。

　10年近くこの仕事をやっていますが、後にも先にもこんなことは初めてでした。

　あったかもしれないですが、正直に伝えられたのは初めてのこと。

できることならば、あのときに戻って、あのお客様にもう一度だけでもお越しいただきたい。

お客様と精一杯に向き合えた実感があったうえで、お越しいただけなくなるのは仕方のないことです。ですが、そうでなかった場合は後悔しか残りません。

気を抜いてしまうと、必ずお客様に伝わることを身もって気付かせてもらったのです。


気分や体調の乱れはお客様には関係のないことです。

目の前のお客様に精一杯に取り組むこと。そういう意識を持つかどうかです。

「言うは易し、行うは難し」ですが、これが大きな差をつくります。

だから、お客様と接している時間は一瞬たりとも考えごとをしない。

そう心に刻んでいます。

心を込めるとお越しいただける。そう信じて今日まで続けているのです。

2

技術よりも接客

「私にはまだまだ力がない」

「知識も足りない」

「だから今の段階では、お客様に来てもらえない……」

心がワクワクと満たされる仕事を始めてみたものの、結果が出なくて悩んでいる方から相談を受けることがあります。

こうした方たちに共通しているのは、うまくいかない理由は「技術が足りない」と思っていることです。

けれど、技術よりももっと大切なことがあるように思います。

それは、接客態度です。

私はスタッフに「技術ではないよ、感じの良さが一番だよ」とはっきりと伝えています。

できて当たり前なのが技術ですが、完璧にできないのもまた技術です。

いつも、いつも「100点満点」とはいかないのも事実です。

たとえば、新規のお客様は来てくれるけれど、なかなかリピートしてもらえない、そんな状況があるとします。

リピートしてもらえないのは技術不足でなく、接客態度に原因がある可能性が高いのです。

たとえば、「このスタッフさん、今日は何だか疲れているな」「イライラしているな」と、お客様に思われてしまうことがあったとします。

「ちょっとケンケンしている感じがするよ」「体調が悪そうに見えるよ」「もう少し笑顔でやってごらんよ」などとまわりからアドバイスされて、やっと気付けたりしますが、自分ではなかなか気付けないものです。

「この人だからまかせたい、まかせられる」と信頼してもらえるかどうか。

技術が多少足りなかったとしても、「この人は私のことを思って一生懸命やってくれている」と思ってもらえたなら、必ずまた来てくれるのです。

技術は後でいいので、まずは自分自身の態度を見直してみてください。

技術が良くても、態度が良くなければ、お客様は気分が悪くなるだけです。

とくに、私のやっているようなキレイになるためのサロンは、どれだけキレイになっても、気分が悪ければ次はありません。

この人に施術してもらいたいから行く。

この人にやってもらって、技術も良かったから、次もまた行く。

この順番です。

商品の販売なども同じで、自分のことを信頼してもらえるからこそ購入につながるのです。

同じ商品の接客だとしたら、多少高くても感じの良い人から買いたいですよね。

3

ひとり起業の商品は自分自身

お客様に信頼してもらえるかどうかはとても大切です。

自分で仕事を始めるときには、基本的にはみんな「信頼されたい」「信頼されよう」と思っているはずです。

ですが、残念ながらそうならないこともあります。

では、お客様に信頼してもらえる自分というのは、どんな自分なのでしょうか。

①いつも変わらない、いつ会っても変わらない

「今日は機嫌が悪そうだな」「今日は機嫌が良さそうだな」などと、お客様に顔色をうかがわれるようだとしたら、なかなか信頼は得られません。

体調や気分がどうであれ、お客様に対してはいつも変わらず、同じ状態でいることです。

気分屋などと思われてしまったら最悪です。私は気分屋の方が一番イヤです。

②誰に対しても同じスタンス

「あの人にはいろいろサービスしているみたいだけど、私にはそうじゃない」「あのお客さんにはいい顔しているけれど、私には違う」……。

お客様にこうした気を遣わせないことです。

おつきあいが長くなると馴れ合いのようなものも生まれてしまいがちですが、初めてお越しいただいたお客様であっても、何年もお付き合いいただいているお客様であっても、どんなお客様も同じスタンスでいることです。

こんなふうにお話すると「そりゃそうだよね」「そんなの当たり前じゃない！」などと思うかもしれませんが、毎日のことになると、つい機嫌の悪さが顔に出てしまうなど、自分自身をうまくコントロールできないこともあったりします。

ですが、そうしたことが積み重なって信頼を損ねてしまうのです。

自分では頑張っているつもりなのに、なかなか良い結果にならないというときには、必ず何か原因があります。

こうしたとき、「技術が足りないから」「立地が良くないから」「起業するには田舎すぎるから」「ライバルが多いから」などと考えてしまいがちですが、どんな職種であっても、立地であってもすごく繁盛しているところはあるのです。

良い結果が出ないときは、まずお客様に信頼してもらえる自分であるかどうかを確認してみてください。

ひとり起業の商品は、何より自分自身なのです。

4

うまくいっている人の真似をする

「自分がしてもらいたい態度、自分がしてもらいたい施術はどんな感じですか？」

「自分がされたくない態度、自分がされたくない施術はどんな感じですか？」


これは私の講座の受講生さんに、卒業のときにいつも聞いていることです。

自分だったらどうしてもらいたいかをいつも意識すること。

それを心に置いて一生懸命にコツコツとやること。

すぐに成果は出ないかもしれませんが、必ず結果はついてきます。


実際、私は仕事をしているときの自分と素の自分は「180度違う」と言って良いほど、まるで違っています。

仕事となると自然体でやっているのではなく、

「私だったらこう言われたらうれしいな」

「こういう態度だったら喜んでもらえるかな、失礼じゃないかな」

こうしたことをイメージして、それを演じているような感覚もあります。

仕事をしているときの自分は、少なくとも、自分にとっての理想の職人です。


もし、自分にとっての理想像をイメージできないのであれば、それをつくるために、いろいろなところにお客さんとして行ってみることをおススメします。

そして、いろいろなお店に足を運んで「いいなぁ」と思える方に出会えたら、同じように真似をすることです。

すべては模倣から始まるので、「いいなぁ」と思った方の振る舞いを自分もできるように真似をするのが一番です。

カタチから入ることで心もついてきます。


結局、自分のイメージできることしか表現はできません。

イメージできないうちは素の自分とは言わないまでも、素に近い自分に戻ってしまいます。

まずは、自分にとっての理想を思い描いて、それを演じてみてください。

それがお客様にとってのベストになり、また、そんな自分も好きになれます。

もし、一生懸命にやっていてもうまくいかなかったとしたら、自分だったらどうしてもらいたいかをいつも意識してみてください。

コツコツやったにもかかわらず、成果が出なかったとしても、そのプロセスのなかで、他で成功する方法や他のやり方が見えてきますので心配はいりません。

好きなことをやり、行動をしていることで、マイナスなことはひとつもないのです。

5

紹介される自分になる

たとえば、おいしいランチを見つけて、お店の方に「お知り合いに声をかけてください」などとお願いされたとします。

ですが、おいしいお店だと「あそこのレストラン、おいしかったよ」と自然に友達に教えたくなりませんか。

お願いされなくても伝えたくなるのが、人の心理だと思います。

お客様に紹介していただけるのは、それだけ信頼されていることの証です。

紹介してもらうために特別なクーポンを発行したり、割引などの必要はないと私は思っています。

クーポンや割引がダメということではなく、それよりももっと大切なことがあります。

割引がなくても来ていただけるという、自分への自信です。

割引しないと来てもらえない自分、クーポンを出さないと紹介してもらえない自分。

これでは本当に自分に自信を持てなくなってしまいます。

紹介される人とされない人の違いは、どこにあると思いますか。

それは、本気でその仕事に取り組んでいるかどうかです。

「真剣です」「本気です」と言うのは簡単ですが、うまくいっていない人は、どこか中途半端に感じます。お客様には、この中途半端は必ず伝わるものです。

「旦那のお給料があるから、まあこんなもんでいいや」と思っていたり、「エステは儲かりそうだからやってみた」という動機だったり……。

また、なかなか売上が立たないからと、半分の時間はどこかでパートやアルバイトをやりながら……という方もおられます。

そのやり方を否定するわけでありませんが、その判断が成功を遠ざけている可能性もあります。

パートをしながらも頑張っている、真剣にやっていると言えるかもしれませんが、専門でやっている方がいることを思えば、中途半端で片手間だと思われてしまっても仕方ありません。

真剣に取り組んで、精一杯に目を向けてくれていることは、お客様には伝わるのです。

だからこそ、自分の大切な友人にも紹介できるのです。

片手間でやっている感じで、大切な友人を紹介してもらえることはありません。

ちなみに、私がひとり起業して3年で3か月待ちとなった際の8割は、ご紹介のお客様でした。

急がば回れで、目先のお金を追いかけて働くよりも、たとえ時間はかかったとしても集中して取り組んだほうが絶対にうまくいくのです。

お客様は同じお金を払うなら、それを専門でやっているプロを選ぶのです。

やるからには集中して、「もうこれしかない」という気持ちでやってみてください。

精一杯やって、それでもお客様が来てくれないのだとしたら、これ以上のことはできないですから後悔をしなくてすみます。

6

増やすのではなく、ひとつを極める

なかなか結果が出ないと、つい新しいサービスを始めたり、メニューを増やしたりしてしまいがちです。

たくさんのスタッフを抱えられる場合は、それで良いのかもしれません。

ですが、ひとり起業の場合、サービスやメニューを増やしたり、手を広げたりするよりも、ひとつのことをコツコツと続けることが大切です。

うまくまわっているときも同様です。

ひとつのことを毎日コツコツと続けることで、プロフェッショナルになれます。


たとえば、カレー屋さんがお客様を増やそうとして、パスタやラーメン、お寿司やウナギまで提供し始めたらどうでしょうか。

メニューを増やせば増やすほど何屋さんかわからなくなってしまいます。

たとえ、目が回るような忙しさになったとしても、身体を壊したり、心が折れて続かなくなったりするでしょう。

たくさんの仕入れも必要となるので、無駄なコストもかかります。

結果、ひとつのこともできなくなり、手抜きといわれても仕方がありません。


そうではなく、ひとつのメニューを極めていけば、お客様は「カレーだったらここ！」「パスタだったらここ！」とめがけて来てくれるようになります。

私自身、当初から提供していたのは足を使うマッサージの60分コースだけでした。

お客様のご要望があったため途中から90分コースも用意しましたが、30分の時間を延長しただけのメニューでした。

たとえば、延長した30分の間に足湯ができるなどのサービスは必要ないのです。

お客様は同じ施術だけをしてもらいたいもの。他のことはしてもらいたくないのです。足湯がご希望ならば、足湯の専門店に行かれるのです。


仮に、メニューを増やすにしても、それはひとつのことを極めて、自分自身に余裕ができた後です。

多くを求めてしまうと、好きから始めるひとり起業ですから、好きだったことが好きでなくなり、自分に余裕もなくなって、続けていくことさえできなくなってしまいます。

私は今、ほんの少しのオプションをメニューに入れてはいますが、基本はひとつのメニューしかありません。

だからこそ、集中できています。

同じことを毎日続けていますから、そのおかげで「小顔にしてくれる三宅さん！」と覚えてもらうことができています。

増やすのではなく、ひとつを極める。

ひとつのことを楽しくコツコツと続けることが、ひとり起業の成功の道です。

7

自信はお客様がくれる

チラシのポスティングの後、ご来店いただいた私にとっての初めてのお客様は、今も毎月来てくださっています。

もう10年も前のことになりますが、最初にお会いしたときのことは、鮮明に覚えています。

緊張しすぎていて「大丈夫かなぁ！　怖いな！」と感じながら、施術の途中でお話することもできず、学んだことを必死でやりました。

それまで家族や友人数人に練習させてもらっていましたが、お金はもらってはいませんでしたし、けっして上手ではなかったように思います。何しろ、ライセンスを取ったばかりの初心者ですから。

施術後も私の緊張は続いており、お客様からもこれといった反応はなくお着替えになっていたので、「今回1度きりかな」と思っていたのです。

ところが帰り際に、「次はどうしましょう、いつ来ましょうか」と言っていただけたのです。

このときの感動は生涯忘れることはありません。

じつは息子に練習で施術したときには「母さん、下手だな。こんなんで6000円ももらうのか」と言われていたのです。

そんな息子の言葉でしたが、私はこれからの人生に向けて意気揚々だったため、それで落ち込むことはまったくありませんでした。

家族やまわりから「それじゃダメだよ、お客様は来ないよ」などと厳しいことを言われれば、人によっては、「せっかく勉強したけど、気持ちよくないなら無理だろうな」「これではお客様は来ないだろうな」などと考えてしまうでしょうし、自信をなくしてしまうかもしれません。

ですが、私の場合、それは違いました。

お客様が「次への予約」というカタチで、自信をくれたのです。

どれだけ自信がなくても、家族から厳しいことを言われても、お客様が自信をくれるのです。

だからこそ「自信がない」「うまくいかないかも」と悩んでいるよりも、次の予約をもらえる自分になる。

そのためには精一杯、お客様に向き合うことです。

私は、このお客様のおかげで自信を持つことができました。

8

結果は、自分のスタイルを貫いた先にある

先日インターネットで、ある大工さんの話を知りました。

実話かどうかわからないのですが、この話に思うところがありましたので紹介させていただきます。


その大工さんはベテランで、定年になったので、これからはのんびり過ごそうと考えていましたが、最後に棟梁が個人的な依頼として、「もう1軒だけ家を建ててほしい」とお願いしたのです。

大工さんは承諾しました。

でも、真剣に仕事をする気にはなれず、手を抜いてしまったのです。

家が完成した日、棟梁がやって来ました。

そして、大工さんにその家の鍵を渡して、こう言ったのです。

「これはあなたにプレゼントする家です。大切に住んでください」

大工さんは、とても後悔したのでした。

さて、この話を聞いて、大工さんは何に後悔したのだと思いますか。

自分の家だとわかっていたら手を抜かなかった、と後悔したのでしょうか。

それとも、最後に残念な仕事をしたことに後悔したのでしょうか。

私は、大工さんは、このときだけ手を抜いたわけではないように感じます。

これまで精一杯にお客様に向き合っていたのなら、最後の最後に手を抜けるはずがありませんし、抜こうと思っても抜けません。抜き方すらわかりません。

だから、ずっと手を抜いた仕事をしてきた自分自身に後悔したのではないでしょうか。

とても深いお話だと思います。

先日のこと、歯の詰めものが取れてしまったので、初めて近所の歯医者さんに行きました。

すると、受付におられる奥様が「お飲みもの1本とお菓子をひとつお持ち帰りください」とお一人おひとりに声をかけていたのです。

ちょうどハロウィンの頃でした。

私は「心遣いをしてくれるんだな。でも歯医者さんがチョコレートをくれるなんて珍しいな」と思いながら、診察台でずっとそれを聞いていたのです。

すると、「みんな、歯医者は怖い場所だから、こんなことでもして喜ばせてあげないと。楽しくしないとね」。

そう言って、先生は「虫歯になったらまた来ればいいよ。ハハハ」と笑っていました。

後日、もう一度その歯医者さんに行くと、今度はクリスマスパッケージのクッキーが置かれていました。

また、受付の奥様が「お飲み物1本とクッキーをおひとつお持ち帰りください」と、変わらずお一人おひとり人に声をかけられています。

開業して30年以上とお聞きしましたが、ずっとこのようにされているのだと思います。何とも人間味のある歯医者さんだと思いました。

先生と奥様の「患者さんに喜んでもらいたい」という気持ちが、ひしひしと伝わってきました。

こうした仕事に対する考え方や姿勢は、長い長い時間をかけてできあがっているのです。

先生の「歯医者は怖い場所だから、こんなことでもして喜ばせてあげないと。楽しくしないとね」という言葉には、それが凝縮されていると感じました。

今を精一杯に患者さんに向き合うこの歯医者さんは、5年前も10年前も、そして5年先も10年先も患者さんと向き合っていかれることでしょう。

結果は、自分のスタイルを貫いた先にあります。

どんな考え方や姿勢で仕事をしているのか。

大工さんの場合、最後にそれが問われたのだと思います。

PART3
集客の心得

1

集客は目配り・気配り・心配

集客については「YouTubeがいい」「LINEがすごい」「女性系のビジネスならInstagramをやらないとダメ」など、たくさんの情報があふれています。

それだけ集客について悩んでいる人が多いのでしょう。

私もどのようすれば自宅サロンを知ってもらえるのか、また来店してもらえるのかと自分なりに考えてきました。

ただ私自身は、集客やマーケティングの勉強などは一度もしたことがないですし、コンサルタントをお願いしようという発想もまったくありません。

情報は参考にしても、我が道を貫いていいと思っています。

これも自分の軸で好きにできるのです。なにせ自分でしたい方こそ、人の言うことは聞きたくないのですから。


この章では、集客の心得というテーマですが、どのように集客するのかの「方法論」でなく、お客様が集まる「考え方」をお伝えしていきたいと思います。

ありがたいことに、ひとり起業をして、3年で3ヶ月待ちの状況になりました。

そんなにたいそうなことは何もしていません。

ですが、これまでに何度もお伝えしているように、目の前のお客様に精一杯に向き合い、目を向けるということだけは続けています。

ひとり起業の商品は自分自身ですから、お客様に本気で向き合うことが、商品やサービスの質を上げることになります。


集客やマーケティングを猛勉強して、一時的に繁盛したエステサロンのお話をしましょう。

立地も良くて、高級感あふれるインテリア、思わず行ってみたくなる立派なホームページだったのです。

ただ実際に行ってみると、言葉遣いや話し方、タオルのかけ方など、接客態度の些細なところがどうも気になります。

施術も悪くはないのですが、なぜか気分が上がりません。

これでは、どんなに集客方法やマーケティングを勉強しても本末転倒です。

このように集客の技術がすぐれていたとしても、目配り、気配り、心配りができていなければ残念なことになってしまいます。

一時的に繁盛はするかもしれません。

ですが、なかなかリピートしてもらえないですし、お客様から紹介もしてもらえないのです。

良かれと思ってやった集客やマーケティングが、結果として、自分の首をしめてしまいます。


好きなことを仕事にするのですから、細くても長く続けたいと思いませんか。

そのためには、最初が肝心です。

最初の目配り、気配り、心配りがあるかないかが、その先の未来を決めてしまうのです。

これは、どんな職業にも当てはまることです。

初めて行く美容院やお医者さん、歯医者さんや飲食店。

どんなに味や技術、インテリアなどが良くても、一度目で「もう無理だわ」と感じてしまったら二度目はありません。

「今回は微妙だったけれど、もしかしたら次はいいかもしれない。また来てみよう」とはならないはずです。

そもそも、ほとんどの人は、まわりへの目配り、気配り、心配りをしながら、そして、されながら毎日を過ごしています。

うれしかったこと、つらかったこと、我慢しなければならなかったこと。

そのなかで、たくさんの経験を培って、そして動物的直観のようなものが備わっています。

猫や犬でたとえるなら、赤ちゃんの頃にイヤな思いをすると、二度と近寄っては来ません。もうその時点で嫌われているのです。

この先、ＡＩの時代になろうとも、温かい目配り、気配り、心配りを発揮できるのは、私たち人間だけです。

目配り、気配り、心配りができれば、どんなひとり起業であってもうまくいくはずです。

自分がしてもらうとうれしいこと。それをお客様にして差し上げる。

それだけでいいのです。

そう心に決めている自分でいることです。

2

お客様を癒す言葉配り

目配り、気配り、心配りと合わせて大切なのが「言葉」です。

目配りや気配りと同様に、言葉というのは胸に響きます。また、グッと刺さるときもあります。

うれしいことを言われるとうれしくなり、イヤなことを言われるとイヤな気分になります。その意味では、言葉はダイレクトに伝わります。

ですから、言葉配りは一番大切なことです。

私はお客様に施術はもちろんのこと、元気をお届けしたいという気持ちで、プラスの言葉を使うように心がけています。

もちろん「あっ！　余計なこと言ってしまった」と反省することも多くあります。

気をつけていても人間ですから、悩みがあったり、気分がすぐれずに体調が悪かったりするとマイナスの話などもしてしまうものです。

私の場合ですと、ついお客様に甘えてしまうときに発しています。これは反省として気づいています。

それでも、本当のプロフェッショナルは、そうしたことを言葉にも態度にも出さないはずです。

本気でやるなら、お客様に暗さは見せずに、いい言葉配りをすることです。

プラスの言葉は、体を温かくします。

マイナスの言葉を発していると、手足も冷たくなります。


ときどき「何を話したらいいのかわかりません」と相談を受けることもあります。

私は、そのお客様を見て「話しかけられたくなさそう」と思ったら、こちらからはあまり声をかけないようにしています。

そのようなお客様ですと、キッカケをもらったところから話を始めるようにしているのです。

話の内容は経験のなかから出てくるものなので、一概には言えませんが、お客様の話を一方的に聞くのではなく、「自分も同じ悩みがある」という姿勢で話すのです。

自分は完璧でお客様は大変ですね、といった上から目線ではいけません。

そして、ただ質問をするだけでなく、こちらの話もしたうえで、「○○さんのところはどうですか?」とお聞きするようにしています。

自分のことをほとんど話さずに、質問ばかりされてしまうと、「どうして私のことばかり聞くんだろう」と思われがちです。

自分の話もして、親近感をもってもらえたらといつも思います。


そのうえで、前向きで素敵な言葉を発する。

言葉は、相手だけでなく、自分自身も一番近くで聞いているのです。

言葉通りの人生を歩むと言われています。

ぜひ、素敵な言葉を使って、お客様を癒してあげてください。

お客様を癒して差し上げているつもりが、自分も癒されています。

3

一番の集客法は
ひとつずつコツコツと
丁寧に

集客に気を取られると「1日5人は来てもらいたい」「今月の売り上は30万円を目標にしよう」などと、意識は数字に向いてしまうかもしれません。

「しっかりとした目標を立てましょう」と本にも書いてあり、目標とする売上、お客様の人数を計算するよう示唆しています。

ですが、私自身は数字を気にせず、黙々と頑張っていたというのが正直なところです。「1ヶ月で何人が目標！」などと一度も考えたことがありません。

売上が5万円や10万円を超えたときには、自然と気持ちも上がって「次は20万円になるかな？　なったらどうしよう、うれしいなぁ」と妄想していました。

すると、本当に20万円を超えたので、「じゃあ40万円になったらどうしよう！なるわけないかな。本当になったらうれしいな」などとワクワクしていたのです。

ですから、「目標を立てないとダメですよ」と言われても、私はそうは思いません。

好きな仕事ですから、楽しく、ひとつずつコツコツと、心を込めて丁寧にやっていけば必ず結果はついてきます。

もし、それが叶っていないのであれば、ひょっとすると好きなことでないのかもしれませんし、数字ばかりを追いかけているのかもしれません。

それでは楽しくありませんね。

目標を立てることは否定しませんが、それに縛られて自分が自由でなくなり、苦痛に感じるのであれば、目標は立てないほうがいいと思います。

目標を立てて、もし達成できなかったら「自分はダメかも……」という気持ちになりますし、数字で仕事をしているわけではないからです。

好きなことを仕事にするのですから、どこまでも自分の好きなようにして、自由に楽しむのが一番です。

ビジネスをしている方から「1ヶ月で何人くらいのお客様が来店されるのですか」と聞かれることがよくあります。

私「……うん？」

10年もやっていて、「あまり把握してないのです」とは言えませんので取り繕いますが、そのくらい数字で仕事をしていないのです。

会社勤めであれば、上司に怒られても仕方ありませんね。

最近はこれではいけないとも思っていますが、人数や売上は、コツコツと丁寧を心がけてきた結果でしかないのです。

最初は少額のお金しか得られないかもしれないので、不安にもなるでしょう。

でも、コツコツと丁寧に続けていくうち、会社勤めをするよりもたくさんのお金を得られるようになります。

そのプロセスでは、何物にも代えがたい経験や思い出という宝物を手にできます。

専業主婦だった自分が社会に貢献できているという達成感、お客様に喜んでいただける満足感、プロフェッショナルでいられる自分に対する充足感。

最初から、たくさんの結果を求めると苦しくなるのです。

そうではなく、結果が出るまでのプロセスをしっかりと味わってください。

ひとつずつコツコツと丁寧に。これに勝る集客法はありません。

4

3人でも満員御礼！
感謝で未来が変わる

「いつか、自分で主催するイベントをやってみたい」

そう思っていたところ、自宅サロンを始めることで、それを叶えてもいいときがやって来ました。

まさしく、自分がオーナーになった気分を味わえるときが。

当時は、こうしたイベントがよく開かれていたのです。

どこでやろうかと思案し、告知するのにも、小さな公民館では格好が付かないと思い、ひらめいたのが、私が暮らす倉敷で一番大きな施設でした。

翌日には足を運び、13時から17時までの時間を予約。施設の使用料は約6000円ほどだったと思います。

さっそくブログで告知したのですが、始めたばかりだったこともあり、コメントなどの反応はまったくありませんでした。

当時のブログをチェックしたところ、次のように書いていました。

●「明日は初のひとりイベント♪」（2011年12月5日）

いよいよ市民会館で、ひとりイベントです。

何事もやってみないとわからない。経験も重ねていけば、カタチになるはず。

少しずつでも思うことを実行に移していくと、たくさんの素敵なことに出会えると信じています。何事も無駄はない。何事も経験かつ行動あるのみ。

来てくださるお客様に感謝して楽しんできます♪

●「足ふみマッサージ倉敷　イベント終了しました」（12月6日）

倉敷市民会館にて初のイベントが終わりました。お越しいただいた皆様、ありがとうございました。1日で数人の方に知っていただけた体験会でした。

盛大ではないけれど、いつもウキウキした気持ちで毎日を過ごしていけば、結果はついてきてくれる。草の根を掻きわけるが如く。この施術を知ってもらうべく。

少しずつ少しずつ前に進もう……わたし！

実は、この初イベントのお客様は3人でした。

隣の会議室で打ち合わせをしていたサラリーマンのお兄さん2人と、もうひとりは友人のAさんです。このAさんだけが駆けつけてくれたのでした。

ひとり500円での施術だったので、1日の収入は1500円。施設料は6000円でしたから、4500円のマイナスです。

ですが、思いついたことを行動して、イベント出店できたことに違いはなく、1500円の売上以上の満足感と達成感がありました。

3人で1500円という数字をどう捉えるか。

それによって、未来は変わったと思います。

このときの私の気持ちは「満員御礼ありがとうございました」。

お客様が3人でもです。感謝の気持ちは1500円を超えていました。

今振り返っても、この気持ちに変わりはありません。

この頃から、ひとりで頑張っていたのだと自分を褒めてあげたいと思います。

5

忙しくなるイメージが大切

「目先の目標は立てても、半年後、1年後の目標は立てなくてもいいですよ。それよりも今やりたいことをコツコツとやってくださいね」とよくお話ししています。

すると、「しばらく売上はないですかね」「すぐにお客様は来てくれないですよね」と弱気な言葉が返ってくることがあります。

不安いっぱいになる方もいますが、それは仕方のないことです。

未知なことは誰でも不安になるもので、これから経験をしていくわけですから。

私自身もこの先、新たに挑戦していくことに対しては不安がいっぱいです。

ですが、この壁を乗り越えてこそ、先が見えてくるのです。

「うまくいかないかも」という熱のない意識は持たず、「必ず大丈夫！」と熱意を持ち続けてください。熱意は必ずお客様に伝わるからです。

普段どんな意識でいるかが大切です。思ったことは必ずカタチとして現れてくるからです。

「うまくいかないかも」と思っていては、うまくいくものもいかなくなります。

「売上がなかったらどうしよう」と考えるのではなく、目の前のことを楽しみながら行動していることが大切です。

まずは、忙しくなるイメージを持っていてください。

私は切り貼りのチラシをポスティングした後、6帖一間のセッティングや、お菓子の買い出しなど、物理的にやらないといけないことに集中していました。「これから忙しくなるぞー」と、予約の電話があるのをワクワクしながら待っていました。

アクションを起こしたわけですから、必ず反応があるに違いないのです。何もしないで待っているのとは違います。

自信を持って、待っていればいいのです。種を投げなければ、それを拾ってくれる人もいませんが、もう忙しくなる種は投げたのです。

ブログを1記事書いたら、見てくれる人がいる。

ポスティングを10枚やったら、それを見てくれる人がいる。

だから、どんどん忙しくなる！

そんなイメージです。

その結果どうなったかというと、忙しくなるイメージは現実になったのです。詳細は次章でお伝えしますが、倒れてしまうほど忙しくなったのです。

忙しくなるイメージを持つというのは精神論ではありません。また、不思議な魔法の話でもありません。プロ意識の話です。

金額がどうであれ、お金をいただく以上「自分はプロだ」という意識が大切です。

家庭があって、子育てをしているなどの状況はあるかもしれませんが、仕事として収入を得ていく限りは、誰もがプロなのです。

お客様にとって大事な時間とお金ですから、それをいただけるだけの意識を持つことが大切です。その意識を育てましょう。

それが集客に困らない秘訣です。

6

アクセス数などの見返りは求めない

自分で仕事を始めるときは、なるべくリスクを小さくしたいものです。

そのため、「仕事専用のお部屋を借りると経費がかかるので、最初は自宅でやりましょう」と生徒さんにはお伝えしています。

初期にどれだけのお金をかけるかは人それぞれですが、今はブログやInstagramなど、お金をかけずにできることがたくさんあります。

ただ、始めてみたものの「ブログのアクセス数やインスタのお友達が増えない」と悩んでいる方も少なくありません。

ですが、アクセス数やお友達を増やそうとするのではなく、ただ自分の発信したいことだけ、自分の得意なことだけを発信すれば良いのです。

ブロガーやユーチューブバーになって収入を上げたいのならともかく、そうでないのなら、アクセス数を気にしても仕方がありません。

本来のやるべき業務がおろそかになってしまっては、本末転倒です。

「みんな見てくれるかな」「カッコよく書かないと！」などは考えず、とにかく自分の得意なこと、やりたいことを発信していくのです。

そうでないと書くこと自体が苦痛になります。

とくにＳＮＳでは、まわりの顔色をうかがってもきりがありません。

好きなこと、やりたいことで、自分をアピールしましょう。


そして、ちょっとだけ殻を破ることに挑戦してほしいのが、前述した通り、お顔を載せることです。これは断然に効果があるからです。

「この仕事をしているのが私です」と、笑顔の写真を掲載してみてください。

印象が一番ですから、満面の笑みで写っている写真があれば、少しくらい文章がうまくなくても信用性は高まります。

こうして自分自身が楽しみながら発信する努力を続けていくと、それを見たお客様は、「なんだかこの人、素敵だな」「この人に会ってみたい」「この人だったら施術もお願いしたいな」と引き寄せられて、「行ってみよう」となるものです。

SNSで「お店をやっています」「頑張っています」というアピールは、やはり必要だと思います。発信がなければ、お客様に知ってもらえず、来てもらえるキッカケを持てないからです。

余裕があれば、ネット掲載にお金をかけてもいいかもしれません。

ですが、「ある程度、売上が立ってからやろう」というのでもいいと思います。

ただ、どうしても「SNSは無理、苦手」というのであれば、細く長くコツコツとできることを極めることです。

ひとりのお客様を大切にしてリピートしてもらい、紹介をしていただける自分になることです。

SNSや宣伝などしていないのに繁盛しているお店もたくさんありますよね。

早い集客を望むのであれば、ちょっと勇気を振り絞って、インターネット集客にチャレンジしてみてくださいね。

その気にさえなれば、お金をかけずにやれることはいっぱいあります。

7

目指すは「紹介したくないわ」と言われること

美容や通販の業界では「口コミを書いてくれたら500円割引」などというサービスもあるようですが、口コミをお願いすること自体が強制的ですし、書いてもらったお礼に割引をするなど、私は不思議でなりません。

口コミとは、お願いをして書いてもらうものではありません。自然に書きたいと思って、書いていただいてこそ口コミです。

割引をして、口コミを書いてもらおうと考えるのは、自分でモチベーションを下げてしまうようなものです。

お客様を追いかけている状態とも言えます。

これでは良い品、良いサービスに全力投球ができなくなってしまうのです。

500円の割引クーポンやポイントカードを用意して、安いところに自分を合わせてしまうと、次は口コミキャンペーン、その次は半額セール……と終わりのない状況に陥って、集客の苦労は絶えなくなります。

それに対して、良い商品、良いサービスを提供することにエネルギーを注いで、高いところに自分を合わせていけば、集客の苦労はなくなります。

口コミをして来てもらうかを考えるのではなく、1万円の施術なら1万円で予約していただける、自然に口コミをしてもらえる。そういう自分になればいいのです。

前章では「紹介される自分になる」というお話をしました。

いいものを見つければ伝えたくなるのは人の心理ですが、さらにその先があるのです。

お客様に「自分の予約を入れられなくなるから紹介したくないのよ」と言っていただけることがあります。

本当に紹介いただけないのかというと、そうではありません。

「知り合いのMさんから紹介されてきました」と来ていただけるのです。

あれ!? Mさまは先日、「紹介をしたら自分の予約が取れなくなるから紹介したくないわ」と言われていたのに……。

後日、Mさまからは「紹介せずにはいられないからね」と言っていただけたのです。

自慢をしているわけではないのです。

こうしたお客様は、次回の予約だけでなく、次々回の予約、そしてさらにその先の予約までしてお帰りになります。

自分の予約が取れなくなるから「紹介したくないわ」「あまり教えたくないわ」と言われるのは、予約でいっぱいの状況だったり、長い行列ができていたりする状況だからこそ「紹介したくない」「あまり教えたくない」と言っていただけるのです。

そこを目指していくことが本当の集客ですし、最高の喜びとなります。

いかにお客様に来ていただくかを考えることではありません。

正しい方向にベクトルを合わせると、自信がついて、自己肯定感も沸いてきます。

反対に「他店がやっているから」「みんなもやっているから」「アドバイスを受けたから」などと、お願いしてまでも口コミや紹介を募っていると、自分の時間や思考はどんどん奪われ、自己肯定感も失われてしまいます。

やりたくないことは、やらないことです。

8

お金は技術ではなく気持ちに払う

集客についてはテクニックや方法論でなく、どんな「考え方」をしているかで、まるで状況は変わってくるように思います。

普段どんな意識でいるかは、自分が気にしていようといまいと、やはり表に出るものだからです。

もうずいぶん前のことですが、私が自分でサロンを始める前に、こんなことがありました。

大きなサロンに予約を入れて、とても楽しみにしていたのです。

ところがお店に入ったとき、奥のほうでちょうど食事をしていたのでしょうか、エステティシャンの方が、口をモゴモゴしながら出て来られたのです。

私にわからないようにはしていましたが、それを見て、何となくガッカリしてしまいました。

ご飯を食べることが、いけないということではありません。

何をしていても構わないのですが、「お越しになるのを待っていました」と感じさせてほしかったのです。

この章の最初で目配り、気配り、心配りのお話をしましたが、こうした基本となることがしっかりしていないと、「もう次はやめよう」「ここでなくてもいいか」「無理に来なくてもいいか」となってしまうものです。

こうしたことが積み重なれば、やはり集客にも苦労するでしょう。

気持ちよく接客されないと、お客様は満足感を得られません。

サロンのような仕事で言えば、お客様はキレイになって、自分に自信を持てて、気持ちよく帰れることとです。

だからこそ、また来ていただけるのです。

そのためにも「自分はもうできている」などと過信してはいけません。

これは私も気をつけていることです。気をつけているつもりでも、お客様に対して失礼をしてしまうことがあり、失敗も多くあります。

けれど、だからこそ「次は頑張ろう」と思っています。

ひとつひとつが勉強、終わりなき成長です。

技術はあって当たり前ですが、お客様は技術でないところも見ています。

わざわざ自分に足を選んでいただけるのですから、このことを軽く考えてはいけません。

いっけん、お客様はモノや技術にお金を払っているように思いますが、じつは気持ちにお金を払っているのです。

私がそうだから、そう思います。

気持ちとは、すべての言葉や態度に反映されるものです。

集客の悩みを抱えたくなければ、自分の気持ちを磨くことです。

PART4
お金の心得

1

感謝しているつもりと、心から湧き出る感謝

前章で「3人でも満員御礼！　感謝で未来が変わる」というお話をしました。イベントにお越しいただいた3人、その売上の1500円。これをどう捉えるかで未来は変わっていきます。

感謝の心があると、3人は10人にも100人にもなり、1500円は1万円にも10万円にもなります。

ただし、感謝しているつもりと、心から湧き出る感謝は違います。

「感謝しましょう」と言われても、本当に感謝ができているのかはわかりません。

なかなか簡単なことではないですが、結果が出ているのであれば、「つもり」ではないでしょう。

自分で仕事を始めて、少し売上は出始めたけれど、そこからなかなか大きくならないときには、胸に手を当てて「感謝ができているかな」と自問をしてみてください。

私がひとり起業をしてから1年が経った頃、1ケ月のお客様は10人になっていました。

6000円で10人ですから、月の売上は6万円です。「わぁ！　6万円も稼げている！」という感覚でした。

人によっては「たったの6万円」と思うかもしれません。

ですが、6万円というのは当時の私からすると、パートの仕事を1ヶ月やって、やっといただける額と同じくらいでしたから、「6万円もいただけた」と心から思えたのです。

誰に気を遣うでもなく、ストレスもなく、自分のやりたいことで得られているお金ですから、こんなにありがたいことはありません。

好きなことをやってお金をいただけていると思うと、とても「たった3人」「たった1500円」「たった6万円」などとは思えませんでした。

その頃、賃貸アパートを借りて店舗サロンに移行しました。

アパート代は4万円で、光熱費などを入れるとちょうど6万円になりました。

当時を振り返ってみると、利益を出すことよりも、自分の好きなこと、やりたいことを夢中になってやっている感覚です。

儲けは出てないけれど、自分のサロンを持てていることに、とても幸せな気持ちでした。


もし「たったの……」という気持ちがあるのなら、その「たったの……」というお金は、お客様が一生懸命に仕事をして得たお金だと考えてみてください。

その「たったの……」という人数は、お客様が他の予定をキャンセルして、お越しいただいた貴重な時間だと考えてみてください。

「ありがたい」という方向から想像力を膨らませてみましょう。

「たったの……」という気持ちは感謝に変わっていきます。

ここに「心から湧き出る感謝」が生まれるのです。

2

価格は感覚ではなく、「納得」で決める

「この金額では高すぎると思いますか？」

商品やサービスの価格について、相談を受けることがよくありますが、きちんとした根拠を持って価格を設定できる方はなかなかいません。

「多くのお客様に来てほしい」という思いから、つい低めの値段にしてしまいがちなのです。

ですが、最初に低めに設定して、後から価格を上げるのは簡単ではなく、皆さん、価格設定にとても苦労します。私もそのひとりです。

足ふみマッサージを始めたときも、現在の小顔コルギを始めたときも、1時間6000円という価格でした。

ですが、同じ業務を始める受講生さんも多くなり、ウェブ集客をキッカケに、9800円に値上げをしたのです。

価格をアップするにあたり、悩んだのが既存のお客様との価格格差でした。

6000円から9800円までの道のりは、いくつかの段階を踏みました。

まず「ヘッドマッサージをプラスしますので8500円でお願いできませんか？」と了解をいただく段階。これが1年ほど続きました。

そして次は、ヘッドマッサージにカッサをつけて了解をいただく段階。これも1年ほどかけました。

まったく同じサービスを6000円から9800円ということではなく、オプションを付けて段々と価格を上げていきました。

「これを付けますので9800円でお願いできますか」と順を追って確認しながら、丁寧にお願いしました。

いかにお客様との信頼関係を壊さないかが、私の課題でした。

もちろん、価格アップにともない、離れていくお客様もおられますが、これもお互いの都合として受け入れなくてはなりません。

結果的には、価格を統一するのに2年かかり、現在では、すべてのお客様を統一させていただいています。

今思えば、「値段を上げると、既存のお客様は来てくれないのでは」と、私自身の思い込みがあったように感じます。

最初に「6000円は高いかも」という自分の基準で価格を決めたのは、怖さや恐れがあったからです。

ですが、なかには6000円は「安いです」と言ってくださる方もおられます。

私自身の経験からお伝えできるのは、自分のなかの「高い」「安い」という感覚で価格を決るのではなく、自分の納得のいく価格で始めるということです。

後から価格を上げるのは、簡単ではないのです。

3

やめるときにも
決めるのは自分自身

始めるにあたっての資金のことで言えば、どのくらいお金をかけるのか、最初に決めておくのがいいでしょう。

好きから始めるひとり起業ですから、借り入れなどは考えず、無理のないところから始めてください。

これまでパート勤めなどで事業経験がないのに、いきなり借り入れとなると、怖くなって尻込みしてしまいます。儲けがなければ返済できないわけですから。

では、たとえば自費で30万円を用意できたとします。

最初に使うのは3分の1くらいまでにして、最小限の予算から始めていきましょう。

使い切ってなくなってしまうと、不安になったり、心細くなったりします。

ひとつずつ必要なことを丁寧に続けていると、3ヶ月ほどで何らかの結果が見えてくると思います。

本当に好きなこと、やりたいことをやっているのであれば、手ごたえを感じられているはずです。

けれども、３ヶ月経っても売上が出なくて、マイナスになるようなら、今やっていることが本当に好きなことなのか、やりたいことなのかを考えてみてください。

それは本当に好きなことではなかったのかもしれないですし、やりたいことではなかったのかもしれません。

「やり続けることが大切」と言いますが、予算を決めての挑戦ですから、もし予算よりマイナスになってしまった場合には、心が折れてしまいます。

そして、このまま続けるかどうかも判断しないといけないでしょう。

売上が上がっていれば「もっと頑張ろう」という前向きな気持ちになれますが、やっても、やっても成果が出なければ、やる気もなくなってしまいます。

これもやってみなければわからなかったことですから、挑戦と言えます。

万が一のときには方向転換も必要ですが、行動を起こして始めたことは、けっして失敗ではありません。

必ずそれは、経験として、次のステージとつながっているからです。

あくまで次へのステップであって、通過点なのです。

もし、まわりから「せっかく始めたのに……」「頑張ると言って始めたのに、もうやめるの？」などと言われても、気にせず自分の感覚を大切に決断してくださいね。

ひとり起業ですから、始めるのもやめるのも、決めるのは自分自身です。

そのうえで、「やめてしまおう」と決心したとして、もう一度お伝えしますが、それは失敗ではありません。挫折でもありません。

あなたに合わないとわかっただけで、それは成功です。何もやらないことが失敗なのです。

そしてまた、本当に好きなこと、やりたいことを見つけて挑戦していくのです。

4

計算よりも、いい気分

私と同じように、サロンをやっているYさんがおられます。

Yさんのご主人は理系のお仕事をされていて、ITを得意とお聞きしていました。

あるとき、Yさんのご自宅にお邪魔したことがありました。

キッチンカウンターに小さなビーカーのような計量器が数個置かれていたので、不思議に思い、「これは何に使うの?」と聞いてみたところ、

「夫がね、ひとりいくらぶんを使うのか量ってみたらと言うから」。

よくよく聞いてみると、お客様に使う1回分のクリームの量を量っているというのです。

「1人あたりのコストが割り出せるじゃない、と言われた」と……。

それを聞いた私は驚くというよりも、気が遠くなる気分でした。

「いえいえ、そんなことはしなくていいですよ。多く必要とするお客様もいれば、少しのお客様もいたりするので、はかり知れないですよ」と言いました。

ひとり何グラム使うから何十円かかってなどと考えていたら、「使い過ぎちゃいけない」という方向に意識は向かうでしょう。

「ちょっとクリームが多かったかな?」などと思う気持ちは、お客様にも伝わるかもしれませんし、そう思ってしまう自分も許せないですね。

それだったら、たっぷりとクリームを使うことです。

コストがかかるといっても、自分がひとりで向き合えるお客様の数は多くはないのです。

使いすぎたところで、なんともありませんし、その差は数円です。

たっぷりと使って、自分も満足し、お客様にも満足いただいて終えることです。

念のため補足しますが、けっしてコスト管理を否定しているわけではありません。

大切なのは、どこに意識を向けているのか。

クリームを量っているとき、意識はお客様に喜んでもらうことではなく、コストのことに向いています。

それは、計算であって、いい気分ではありません。

その数円を惜しんで、お客様を失ってしまっては元も子もないのです。

お客様は技術でもクリームでもなく、気持ちにお金を払ってくださるのです。

これは忘れてはいけない基本です。

もし、自分で仕事を始めて、「どうしてリピートしてもらえないんだろう」と悩むときには、この基本を忘れてしまっている自分に気づいてほしいと思います。

お客様は、気持ちにお金を払ってくれるのです。

5

自分がされたくないことはしない

どこに意識が向いているかというお話をもうひとつさせていただきます。

エステサロンに行ったとき、高額な化粧品の購入を勧められたことはありませんか。

美容室に行ったとき、シャンプーやトリートメントなどの購入を勧められたことはありませんか。

何かを購入したときに、抱き合わせで別の商品を案内されるという経験は、誰でもあると思います。

お客様から「ほしい」と希望されることもあるので、私のお店でも施術で使っているものを置いてありますが、自分からそれらを営業することはしません。

というよりも、私にはできないのです。

私自身が美容室に行くたびにシャンプーの購入を勧められたりすると、もうそのお店には行きたくなくなってしまうからです。

サラッと勧められるくらいなら、こちらもサラッと流せます。カットなど気に入っていれば通うでしょう。けれど、毎回毎回勧められるとイヤな思いに変わります。販売する側からすると、抱き合わせで何か別の商品を購入いただくことで、売上がアップするからでしょう。

ですが、いっけんの売上が大きくなったように思えるかもしれませんが、もしかすると3ヶ月先、半年先の売上を失っている可能性もあるのです。

大手チェーン店の場合は新規様や回転率も多く、数人のお客様を逃しても痛まないのかもしれませんが、私たちのような個人サロンはお一人おひとりが大切です。

お客様は、選んでお越しいただいているわけです。

「今度は何を勧められるのかな」と思うと、私だったら他のお店に移ります。カットが気に入っているのに行けなくなるのは残念ですが、イヤな気持ちになるほうがもっと残念です。

私のサロンだとすると、お客様にイヤな思いをさせてしまうほうがダメージは大きいのです。

あのサロンへ行ったら高い化粧品を勧められる。そんなことをよく耳にします。実際、娘が一度体験で行ったエステサロンで、ローンを組んでの購入を勧められたと言います。

目先のことは結局、目先だけのことですから先につながりません。

説明も説得も必要ないほど、お客様に大きなメリットがあるなら抱き合わせも悪くないのかもしれませんが、リピートしていただけるチャンスを自分から失ってしまわないように、慎重に考えたいところです。

また来ていただけるように、目先の売上ばかりを考えず、自分がされたくないことはしないこと。後で必ず後悔しますから。

実際、もし私のサロンに通っていただいている常連様に、いろいろなものを売りつけていたら来てはもらえていないと思います。それ以上に嫌われていたでしょう。

シンプルなルールですが「自分がされたくないことはしない、自分がされたいことをする」。これが大事に思います。

6

お金よりも経験を残す

「売上ができ始めたのですが、自分のお給料はいくらにするといいのでしょうか」

自分で仕事を始めて、うれしいことに軌道に乗り始めた方から、このような質問を受けることがあります。

個人事業は、お仕事の売上も全部自分のお金のような感覚になってしまいがちなので、仕事のお金と自分のお金を分けて考えることはとても素晴らしいと思います。

税金の支払いなどもありますから、分けて考えたうえでというお話になりますが、初めはお金を残そうとするよりも、私は経験を残すことをお勧めしています。

案外、手元にはお金が残らないからです。

前述した通り、私は自宅サロンを始めて1年が経つ頃には、1ヶ月のお客様は10人になっていました。

この頃に駅近くのアパートを借りて自宅サロンから卒業したのですが、家賃などの支払いを済ませると、残るお金は微々たるもの。

そのお金を貯金しようとは思えませんでした。

それよりも、おいしいものを食べに行ったり、気になっていたところに旅行したり、ほしかったものを買ってみたりと好きに使っていました。

貯金するより、現実の豊かさや幸せ感を味わいたかったのです。

いろいろな考え方があると思いますが、好きから始めたひとり起業です。

うまくいくまでは、自分を喜ばせること、自分のやりたいことにどんどん使っていいと思うのです。

定期預金に入れてなどと考えていると、ほしいものも我慢しなければならないですし、おいしいものを食べに行くことも躊躇してしまいます。

それでは寂しいではないですか。

自分を喜ばせることにお金を使えば、「また頑張ろう」とモチベーションも上がっていきます。

さらには、お客様にお話しできることの幅も広がります。

おいしいものを食べに行ったお店で、そこの方からお客様をご紹介いただけたこともあります。こうした出会いは、貯金ではなく、外で楽しんだからこそです。

自分を喜ばせることにお金を使って経験を増やしていけば、結果として、売上も上がっていきます。

お金を貯めようなどと頑張らなくても貯まるようになっているのです。

売上が出はじめたら、可能な限り、そのお金でじゅうぶんに楽しんでください。

今までやりたいと思っていたことに、そのお金を使ってみてください。

「私ってスゴイな！」と幸せ感に浸ってくださいね。

7

行かなければ
わからないことがある
ことを知る

究極のところまでいくと、自分の思いも寄らないところからヒントを得られることがあります。

自宅サロンを始めて1年が経つ頃に1ヶ月で10人になっていたお客様は、２年目には50人、３年目には75人になっていました。

この頃のお客様は一度来ていただくと、ほとんどがリピートになり、それも2ヶ月分、３ヶ月分の予約をしていただけました。

ありがたい気持ちでいっぱいでしたが、それと同時に複雑な気持ちもあったのです。

食事をする時間もなくなり、食べても喉を通らないほど、疲労こんぱい状態だったからです。

寝ているときには、グルグルと天井が回り始めました。

この頃の私の身体は、限界に達していたのです。

それでも、ご予約は3ヶ月待ちの状態。何とか毎日の業務をこなしながら、これからの仕事の在り方を模索していたのです。
このどうにもならない究極の状態のとき、2年前から通っていただいているT様との何気ない会話から転機が訪れました。

T様「昔、韓国で受けたことがある骨気（コルギ）を受けたいのだけど、このあたりで受けられるサロンを知らない？」
私「コルギって何ですか？」
T様「顔の骨にまでアプローチして小顔になるのよ。顔のむくみを取ったり、肌がつるつるになったり、とても綺麗になるのよ」
私「お顔の強めのマッサージみたいなものですね！」
その頃にやっていた施術に体力の限界を感じていた私は、T様の話を聞いて、「それだったらできるかも」「私、それをやりたい！」と直感的に思いました。

それで、T様に「私がコルギの資格を取ってきます。もし日本で取れなければ韓国まで行って勉強しますから待っていてもらえますか」と即答していました。

その夜、コルギについて調べたところ、コルギはお顔の老廃物を取り除くことでお顔が小さくなる施術のようでした。

東京で勉強できるスクールがあることもわかり、すぐに受講。

休みと合わせて2ヶ月ほど勉強し、そこから徐々に業務を移行していきました。

最初は、足ふみと並行しながらでした。

「体力的に難しくなってしまったので、次からは顔だけをやろうと思うのです。すいません……」と言って、段階を踏んで施術の内容を変えていったのです。

それによって、離れていくお客様もいらっしゃいましたが、ありがたいことにほとんどの常連様が残ってくれたのです。


今では小顔コルギの施術を始めて5年になりますが、当時はまだ「小顔になりたい」とは、世間ではあまり言われていませんでした。

その後、小顔のモデルさん、女優さんが多くなり、小顔ブームとなったのです。

そこまで行かないと見えない道があるように、究極までいかなければわからないこともあります。

T様の「コルギのお店知らない？」という何気ない問いに、「待ってください。私が勉強してきます」とお伝えしたこと。

ここからまた私の運命が変わったのでした。

7

押し売りしなくても、まわりまわってうまくいく

「こんなに小顔になれるのなら、私も資格を取ってセラピストになりたい」

「子育ても終わりに近いので、これからの人生を考えたい」

お顔の施術を始めて1年が経ったころ、小顔の効果が出てきた数名のお客様から、このような相談をいただくようになりました。

そこで、小顔コルギ講師の資格を取得したのです。

今では岡山、香川、広島などにたくさんの受講生さんがいますが、そのほとんどがサロンのお客様です。

ただ、「うちのサロンで講師資格を取得できますから、いかがですか？」など、私からセールスをしたことは一度もありません。

ほとんどが、長年に渡って通っていただいているお客様からのご依頼でした。

前述した通り、私はお客様が望まないことをお誘いして、施術に来ていただけなくなるのが一番つらいのです。

お客様がご自身で効果を実感され、「資格の取得はできますか？」と問われれば、そのときには全力でサポートしました。

今は受講生の募集はしていませんが、知っている限りのことは出し惜しみなくお伝えしました。


同業者からは、「あなたの資格をあなたが講師として教えたら、競合が増えるだけではないの？」と問われたりもしました。

ですが、私は競合が出現するなど一度も考えたことはありません。

やりたいことがあれば、それぞれが頑張ればいいのです。

歯医者さんや美容院、パン屋さん、ケーキ屋さんだって、近隣にたくさんあります。

エステサロンだって、いくらでもあります。

近くにたくさんの同業があったとしても、来ていただける自分であれば問題はないのです。

「私も自分の仕事を見つけたい」という方は、これからの人生を精一杯に考えているからこそ相談してくれるのです。

それに誠心誠意で対応し、良いことやおもしろいことを知ったらシェアをする。

押し売りをして、無理をして、一時的に賛同してもらうのではなく、惜しみなく情報をシェアする心が大切に思います。

このような人が、お客様に選んでいただけて、まわりまわって自分の収入につながり、いい仕事に恵まれていくように思います。

そんな自分であることが一番大切ではないでしょうか。

自分に自信を持ちましょう。

PART5
人生を楽しむ心得

1

勇気を持って一歩目を踏み込む

ここまで、「好きなこと、やりたいことをして、ストレスなく仕事をやりましょう」とお伝えしてきました。

最終章となる本章では「人生を楽しむ」というテーマでお話ししたいと思います。

「ひとりで気楽に仕事がしたい」
「自分の力を発揮したい」
「誰かの役に立ちたい」
「頑張れる何かを見つけたい」

誰もが、本当はそんな気持ちを持っているのではないでしょうか。

たとえ会社に勤めていても、同じ思いを持ちながら頑張っているように思います。

ですが、組織のなかでは続かない私のような方も多くいるはずです。

そんな方には、とくに「ひとり」でも仕事はできるとお伝えしたいのです。

勇気を持って、その一歩目を踏み込んでいただきたいのです。

ただ、そんな気持ちがあっても、好きなこと、やりたいことがわからない方も少なくないと思います。

では、なぜ好きなこと、やりたいことがわからないのでしょうか。

私自身も好きなこと、やりたいことがわかりませんでした。

わからないというよりも「好きなこと、やりたいことなんてない」とさえ思っていました。

それが変わったのは、背中を押してもらった「あなたは自分で仕事をしてみてください」という言葉でした。

この言葉に勇気をもらって、「自分は何が好きなのか」「どんなことができるのか」にアンテナを張っていたのでした。

すると、それまでは想像もしていなかったやりたいことが、アンテナを伝っておりてきたのです。

それをキャッチして、行動に移しました。

すると、セキを切ったように好きなこと、やりたいことが見つかり始めました。

自宅サロンを始めてからも、やりたいことをやっていくうちに、またその先に、思ってもみない展開が待っていました。

「好きなこと、やりたいことなんてない」と思っていたのですが、「広尾にお店を出したい」「本を書いてみたい」などと、どんどん溢れてきたのです。


こんなお話しすると「それはサロンがうまくいった三宅さんだからでしょ！」と思うかもしれません。

が、それは違います。

そうではなく、「あなたは自分で仕事をしてみてください」という言葉に背中を押されて、一歩目を踏み込んだからです。

一歩目を踏み込んだことで、閉じていた箱の蓋が開きました。

この箱は、好きなこと、やりたいことが詰まった宝箱でした。

この宝箱は私だけでなく、みなさんが持っています。

子どもの頃には誰もが躊躇なく、好きなこと、やりたいことがたくさんあったはずです。

今、好きなこと、やりたいことがわからないのなら、それは宝箱の蓋が閉じているからです。

誰かの目が気になり、「失敗したらどうしよう」「好きなことをやることは気が引けるし、なぜか悪いことのような気もする」などと思っているのかもしれません。

日々の生活に追われて、自分でも気づかないうちに、蓋を閉じてしまったのかもしれません。

宝箱の蓋を開ければ、好きなこと、やりたいことは溢れてきます。

宝箱を開ける鍵は、一歩目を踏み出すこと。

- 子どもの頃、どんなことが好きだったか思い出してみる
- 今の自分は何がやりたいのか、心に聞いてみる
- ちょっと気になっていることをノートに書き出してみる
- うまくいっている人の話を聞きに行ってみる

ぜひ、時間を取ってゆっくりと考えてみてください。
どんな小さな一歩目でもいいのです。
そんな一歩目が「成功体験」になるのです。

2

その気になれる環境を自分に用意する

私は、自分にできると思う仕事、やってみたいと思う仕事を7年ほどかけて10職以上経験しました。

すべてを制覇したのではないかと思うほど、ありとあらゆる職種です。

学生のときに栄養士の資格を取得していましたので、学校給食、施設、病院の栄養士……。

その他にもたくさんの仕事をしましたが、どれも無理でした。

当時の私は「ダメ人間かも……」とひどく落ち込んでいましたが、自分のやれることを制覇してみたからこそ、結果的に自分に合うか合わないかがわかりました。

今なら、消去法で試していただけなのだとわかります。

ですから、「どこかに勤めるのではなく、自分で仕事を始めるしかない」「もうこの手段しかない」と最終的に思えたのです。

この7年の月日は無駄ではなかったのです。

私と同じような経験があったとしても、それは自分に合わないだけで、ダメ人間ではないのです。

好きなこと、やりたいことがわからないのは、もしかすると、今やっていることがまだやり切れていないのかもしれません。

では、どうしたらやり切れるのでしょうか。

それは、その気になれる環境を自分に用意することです。

まわりを見渡してみて、行動していない人ばかりがいると、腰が重たくなってしまいます。

まずは、自分が少しでも興味があることをしましょう。

・すでに始めている人に会ってみること
・その道の専門家に話を聞いてみること
・とりあえず資料だけでも取り寄せてみること

今までやっていなかったことを、ほんの少しだけ行動に移してみてください。

そこから必ず、次の何かが見え始めます。

そして、環境を整えることを始めていきましょう。

環境を整えるという意味では、他の人の意見やアドバイスに流されないことも大切です。

とくに、まわりに行動していない人が多いと、「その年齢では無理でしょ」「経験もないのにできるはずがないでしょ」「会社を辞めるなんて信じられない」などと、イヤでも耳に入ってきます。

こうした声に自分が右往左往してしまうと、不安や怖さはどんどん膨らんでしまいます。

いいことだけを鵜呑みにするのです。

自分の心だけが正解を知っています。

本当に無理なのか、本当にできないのかは、やってみないことには誰もわからないはずです。

年齢を重ねていることや経験がないことが、うまくいかない理由にはなりません。

私がそうだったので断言できます。

明るく笑って感謝の気持ちでいれば、必ず自分の可能性を引き出してくれる何か、誰かに出会えます。

ぜひ、その気になれる環境を意識してみてください。

3

好きなことで自分の世界をいっぱいにする

幸せな人生を歩みたい。

誰もがそう思っているはずです。

思うだけでなく、そのためにみんな頑張っているのです。

ただ、「何が自分にとっての幸せなのか」「何が自分にとっての成功なのか」を具体的に言葉にできる人は、少ないのではないでしょうか。

身体が丈夫なだけで幸せですし、ご飯を食べられるだけで幸せです。

ですが、つい日常にある幸せを忘れてしまうのも私たちです。


幸せのカタチは人それぞれに違うものです。

違うものなのですが、その幸せを感じられる心が曖昧なままでいると、何が幸せなのかわからなくなるときがあります。

「大きな家に住めていいなぁ」

「お金持ちの人はいいなぁ」

「あの人みたいにキラキラと輝いていたいなぁ」

こうしたことを思うのは仕方のないことですが、これらは自分と誰かを比べたときに感じる心のようです。

隣の芝生は青く見えてしまうものです。

人はみんな同じだけの幸せや悩み、不安を抱えていると思います。


私はこの10年間で、約1万人のお客様のお身体を施術させていただきました。

年齢や環境、職業もさまざまな方にお越しいただきますが、いつも感じるのは、みんな同じ骨の位置、骨の数、同じ皮膚ということです。

骨の太さや細さ、皮膚の硬さは違っても、みんな同じ人間なのだと感じます。

だから喜びや悲しみも、みんな同じだけあるのだと、いつも思っています。

ですから、自分だけが……などと思う必要はまったくありません。

人はみんな同じなのです。

そのように思えると、隣の芝生が青く見えることはなくなるでしょう。

この世界にたったひとりの大切な自分。

「これが好き、これは好きじゃない」「これがやりたい」「ここへ行きたい」と、自分基準の「好き」をはっきりさせていくことが大切に思います。


また、より良い人生を過ごすには、仕事はなくてはならないものだと思います。

人生の大半を占める仕事の時間は、好きでないと苦痛な人生になってしまいます。

ぜひ、自分にとっての幸せはどうなのかを、はっきりとさせる時間を確保してください。

それによって、自分にとって好きなこと、やりたいことがどんどん溢れ、気がつけば、「好き」だけで自分の世界はいっぱいになっているのです。

そう思えることができると、必ず幸せ度は上がっていくはずです。

自分に自信を持てているのですから。

4

お金よりも心満たされることを仕事にする

会社に入って仕事をするということは、たくさんの人とうまくやっていかなくてはいけないということです。

「その分野で必ず成功してやる」「今は修行だ」とがむしゃらになれるなら、たとえ自分に合わない場所であったとしても乗り越えられるでしょう。

ですが、「生活のために仕事をしなきゃ」「お金を稼がなきゃ」という理由では、なかなか自分を発揮できないと思うのです。

気持ちが強ければ続けられるのかもしれませんが、そうでなければ、そのうち心や体を壊してしまいます。

また、できない自分を責めてしまうかもしれません。

だとするならば、自分の好きな仕事で生きていくほうが幸せなのではないかと、50歳半ばを過ぎた今、強く感じます。

私たち日本人は、家にいるよりも、仕事をする時間のほうが長いと言われています。

だとすると、日常を楽しめていないかもしれません。

今の仕事で充実感を得られている方は、すでにベストな選択ができていると思います。

でも、気持ちが重たく、ストレスを感じているのであれば、早いうちに「やりたいことで仕事はできないか」と検討していいと思います。

案外、たくさんのお金を稼ぐ人のほうが、稼働時間や人間関係において、優雅でストレスのない時間を過ごしているそうです。

そうだとすると、私たちも自分に無理をせず、心身を痛めない働き方をしてもいいのではないでしょうか。

今は、本当に何が起こるかわからない時代です。

明日が健康でいられる保障など、どこにもありません。

よく「未来を見て考えなさい」と言われますが、未来ばかりに期待して今を犠牲にしていたのでは、何のための人生かわからなくなってしまいます。

好きなこと、やりたいことを仕事にしようというと不謹慎に思われるかもしれませんが、この「好きなこと」と「できること」をやっていくなかでも、苦労はあるものです。

それでも好きなことですし、やりたいことですから必ず乗り越えられます。したくないことで苦労するよりも、じゅうぶんに幸せです。

5

人生はイメージできるところに向かう

自分には何ができるのか。

この先の人生をどうありたいのか。

こうしたことを常にイメージしていくことは、とても大切に思います。

人生はイメージできるところに向かうからです。

私自身が経験してきたのでそう思います。

お恥ずかしいのですが、この先、私がチャレンジしてみたいことを、ここに書いてみます。

数年後、数十年後、「やっぱりこうなっていたね」「叶っていたわ」となることでしょう。

・この本の出版後は日本各地をまわり、たくさんの読者の方と出会う
・この本のおかげで各地のお料理、地球の中心から湧き出る温泉を堪能する
・小学生の頃から憧れていたイギリスの町に住んでいる

人には、それぞれ得意不得手があります。

この得意不得意は、自分の心の中にしか見つけることができません。

2020年に入り、世界中がコロナ渦で大変な時代となりました。

じつは、この原稿を書き始めたのはその頃です。

以前から私は、みんな自分の好きなことを見つけて、やりたい仕事をすればいいのに、と思っていました。

今はまわりでも「コロナウイルスの影響で、パートやアルバイト、派遣も切られて、他が見つからない」と耳にします。


不謹慎かもしれませんが、だからこそ今がチャンスです。

自分にしかできないこと、イキイキと働ける場所は必ずあります。

これは、47歳を過ぎて、小さく始めたことで楽しく生きている私の実感です。

あなたもぜひ、「自分には何ができるのか」「先の人生はどうありたいのか」をイメージしてみてください。

そして、「こうなりたい」ということを書き出してみてください。厚かましいくらいに。

ノートに書くと閉じてしまうので、目につく場所に貼っておいてくださいね。

それはいつか叶うからです。

これから先も「私は年だから……」などの遠慮はまったくいりません。

今日という日が一番若いのですから。

人生はイメージできるところに向かうものです。

Epilogue

思ったことを
行動に移せば
必ずそこへ向かう

ここまでお読みいただき、ありがとうございました。

私は中学、高校時代と、後ろから数えたほうが早いという成績。原稿用紙の作文も1枚をやっと書いていたほどです。

さらに、住んでいるのも岡山という田舎。

そんな私が本を書くことができたのは、奇跡が起こったとしか思えません。

もう何年も前になりますが、「出版をしてみたい」と思うキッカケがありました。

1枚の手作りチラシから始まり、3年目には思いも寄らず、3ヶ月待ちになっていた小さなサロン。この頃から、新しくやりたいことが芽生えていたのです。

それは、東京という都会に住んで仕事をしてみたいということでした。

それを即実行に移しました。

昔から「広尾という素敵な街にはどんな人が住んでいるんだろう」と興味や憧れがあったのです。

その雰囲気を実際に住んで、肌で感じてみたい。私はマンションを借りることにしました。

それからは岡山と東京を往復して、月のうちの1週間は東京で過ごす生活。

そんなあるとき、ふらっと立ち寄った図書館で素敵な本を見つけたのです。

その本に感銘を受け、「私もいつか本を出したい」と思うようになったのでした。

ただ、広尾は高級住宅街です。マンションを借りて岡山と東京を往復した1年で、それまでに貯まっていたお金はほとんど使ってしまいました。

まわりからは「ほら、無理だったでしょう！」「お金もなくなったでしょう！」などと言われたりもしましたが、私はいっこうに後悔はありませんでした。

お金はなくなりましたが、それ以上のかけがえのない経験や思い出を手にしていたからです。

実際、「勉強になったね」「やりたかったことを経験できたのだから良かったじゃないの」と、すでにそうなることが見えていたかのようにおっしゃっていただけた方もいたのです。

「東京でも仕事をしてみたい」という思いをそのままにせず、行動に移したからこそ、図書館にも立ち寄れたのです。

行動しないで広尾にも暮らしていなければ、図書館に立ち寄ることもなく、本を書こうとするキッカケもなかったはずです。

ご縁とは本当に不思議なもの。少しの行動が、次につながっていきます。

自宅サロンから始まって、実は5回もサロンを引っ越しました。

それでも常連様はいつも一緒に動いてくれました。

ご家族の体調が長期に渡りすぐれず、病院での付き添いの合間を見計らってまで、何度も通ってくださったのは、初めてチラシを手にしてご来店いただいたK様。

疲労こんぱいの時期に、転機のきっかけをくださったT様。

82歳のS様は、片道45分はかかるところを、車に乗って毎月通ってくださっています。「いつまで来られるかなあ！」といつもお話されますが、その都度、「大丈夫ですよ！　車に乗れなくなったら私が伺いますから心配しないでくださいね」とお話ししています。

70歳のF様は引っ越しをされましたが、今でも道中1時間をかけて電車で通ってくださいます。

このような、たくさんのお客様に支えていただけたからこそ、今があります。

また、お客様がひとりもいなかったときから「恵子よ、細く長く頑張るんぞ！じいちゃん（父）応援しとるぞ」といつも励ましてくれた父。今は施設でお世話になっている93才の父に、早くこの本を届けたいと思います。

毎日の朝散歩で立ち寄る、母のお墓にも届けたい。

そして、いつも応援してくれている娘と息子。ふたりは2つ違いの兄弟です。

息子が高校を卒業して東京に進学した4月、私は自宅サロンを始めたのですが、そのとき、娘は大学3年生になっていました。

娘と息子は偶然にも同じ大学の先輩、後輩となりました。キャンパスは違ったものの、息子が上京してからは数ヶ月に一度、娘がアルバイトで稼いだお金で食事に誘ってくれていたようです。

ふたりが仲良くしてくれていたので、とても安心でした。


娘は年に数回、岡山へ帰ってくるたびに、サロンの掃除をしてくれました。とくに拭き掃除が得意で、いつも濡れたぞうきんで床を拭いてくれていたのです。

今でも私には気が付けないことやパソコンなど、私のできないことをフォローし、協力してくれています。

「母さん、下手だな。こんなんで6000円ももらうのか」と言った息子は、大学に進学するために最寄りの駅まで送った上京の日、思いがけないサプライズをくれました。

改札を通るとすぐさま振り向き、「今までありがとうございました。行ってきます」と大きな声で言ってくれたのでした。

車で送る最中に、感謝の言葉を伝えようと考えてくれていたのでしょう。そう思うと涙があふれてきました。

息子の出発の翌日。

自宅の6帖一間の片付けに入り、私の第2の人生が始まったのでした。


たくさんのご縁と偶然が重なって今があります。

実は、2か月前にも不思議なご縁がありました。以前から知り合いだった公認会計士の先生と偶然にも再会したのです。

私が「今、本を書いていて、もうすぐ出版なんです」とお伝えしたところ、「著者になるのだからこの機会に、法人にしたらどうですか?」と、次へのステップを投げかけてくれました。

私は「ぜひそうします！」と即答しました。

会社名も30分もしないうちに「株式会社Ｆｌｏｗｅｒ―Ｋ」に決定。

このように自然と背中を押してもらえることになったのです。

私もまた皆様と同じく、まだ知らない世界へと向かいます。そのおかげで、ますますやりたいことが沸いてきています。

最後の最後に、私のサロンにお越しいただいているすべてのお客様にもう一度、感謝を申し上げます。皆様とのご縁がなければ、この本を書き上げることはできませんでした。

そして、私の拙い文章をお読みいただいた読者の皆様にも深くお礼申し上げます。

私のような出会いや奇跡は、あなたにも必ず起こります。

ですから、ほんの少しだけ背中を押させてください。

この本がキッカケとなり、自分の人生を悔いなく羽ばたいてほしいのです。
ぜひ、なりたい自分をイメージして、思ったことを行動に移してください。
必ずそこへ向かうはずです。この私でも変われたのですから。

三宅恵子

著者略歴

三宅 恵子（みやけけいこ）

株式会社Flower-K代表取締役。40歳まで専業主婦。子育てを終わろうとしている頃から10ヶ所以上のパートを転々とするも、何をやってもすぐにやめたくなる。人と交わりながら毎日顔を合わせて仕事をするのがストレスでたまらなかったためだ。「自分は何も続かないダメ人間、このままだと社会から見放されて一生働くことはできない」と自分の至らなさに悩む日々。そんななか、「自分ひとりで何かしたらいいのではないか」と気付く。ひとつだけ心の中でピンと来るものがあった。それは、立ち上げ費用も何もかからないマッサージ系。自分自身が肩こり、疲れもひどく、シワシワでヨレヨレ……。だが、このひどさが功を奏した！営業も何も知識がないまま、47歳で小さな自宅サロンの真似事から始め、手づくりチラシ1枚から3年で3か月待ちとなる。

現在は、自宅サロンの開業から10年目。約1万人の施術をし、小顔コルギの協会に所属して岡山では受講生を多数輩出。どんな職種、会社に属しても長続きしなかったが、現在はどんなハードワークでも一向にストレスはない。それは自分自身に無理のない仕事をしているから。自分にできること、得意なことを仕事にしてもらいたいという思いを伝え続けている。

自分で仕事を始めるときの心得
好きから始めるひとり起業

発行日　　2020年12月14日　第1刷発行

定　価　　本体1500円+税
著　者　　三宅恵子
デザイン　涼木秋

発行人　　菊池 学
発　行　　株式会社パブラボ
〒359-1113　埼玉県所沢市喜多町10－4 アーガスヒルズ68
TEL 0429-37-5463 FAX 0429-37-5464

発　売　　株式会社星雲社
〒112-0005　東京都文京区水道1-3-30
TEL 03-3868-3275

印刷・製本　株式会社シナノパブリッシングプレス

ISBN978-4-434-28435-9